Kleinkinderbuchpreis der Stadt Wien
Ehrenliste zum Österreichischen Kinder- und Jugendbuchpreis
Auswahlliste zum Deutschen Jugendliteraturpreis

14. Auflage 1996

© 1980 Esslinger Verlag J.F.Schreiber, Esslingen, Wien.
Anschrift: Postfach 285, 73703 Esslingen
Alle Rechte vorbehalten 1 2 3 4 5 (14391)
ISBN 3-244-20031-1

DER APFELBAUM

MIRA LOBE ANGELIKA KAUFMANN

Esslinger

Am Montag war der Himmel frühlingsblau.
Weiße Wolken zogen darüber hin.
Die Bäume im Obstgarten streckten ihre Äste aus,
als wollten sie die Wolken herunterholen.
Am Dienstag hatten die Äste winzige Knospen.
Am Mittwoch wehte ein warmer Wind.
Und die Knospen waren größer und dicker.

Und am Donnerstag?
Da sprangen die Knospen auf.
Da blühte der Garten.
Da standen die Bäume in weiße Wolken gehüllt.
Auch der alte Apfelbaum blühte.
Seine Zweige waren krumm und schief.
Seine Rinde war rauh und rissig.
Und seine Wolke war rosa.
Der erste Schmetterling flog durch den Garten.

„Nanu?" riefen die Bäume. „Für Schmetterlinge ist es doch noch zu früh! Wo kommt denn der jetzt schon her?"
„Von mir!" sagte der Apfelbaum. „Er hat bei mir überwintert. Zusammengefaltet in meiner Rinde."
Die Bäume schimpften.
„Warum hast du ihm das erlaubt?"
„Du weißt doch, daß er Eier legt."
„Du weißt doch, daß aus den Eiern Raupen werden."
„Du weißt doch, daß die Raupen unsere Blätter fressen!"

Zwei Rotkehlchen kamen in den Garten.
Flogen hin und her, flogen kreuz und quer.
„Wir sind auf Wohnungssuche. Wir wollen ein Nest bauen und Kinder kriegen."
„Nicht bei mir!" sagte der Birnbaum. „Dieses Gepiepse und Geflattere! Diese halbnackten Dinger mit den aufgesperrten Schnäbeln!"
„Nicht bei mir!" sagte der Zwetschkenbaum.
„Dieser ewige Krach! Man will ja seine Ruhe haben!"

„Und seine Ordnung!" sagte der Kirschbaum.
„Alle Kirschen picken sie an. Alle Blätter klecksen sie voll."
Die Rotkehlchen wußten nicht, was sie tun sollten.
Flogen hin und her, flogen kreuz und quer.
„Kommt uns ja nicht in die Nähe!" riefen die Bäume.
„Ihr stört. Baut euer Nest gefälligst woanders."
„Aber wo?" fragten die Rotkehlchen.
„Bei mir!" sagte der Apfelbaum.

Zwei Stieglitze kamen in den Garten.
„Wir sind auf Wohnungssuche. Wir wollen ein Nest bauen und Kinder kriegen."
„Nicht bei uns!" riefen die Bäume. „Bei uns ist kein Platz."
„Aber bei mir!" sagte der Apfelbaum. „Kommt her, ihr Rotschöpfe. Stieglitze sind so bunt und lustig."
„Lustiger als wir?" fragten zwei Kohlmeisen, die von der Hecke herüberschwirrten.

„Genauso lustig. Baut nur eure Nester und legt eure Eier hinein!"
„Und dürfen unsere Kinder Krach machen?"
„Sie dürfen."
„Und dürfen unsere Kinder Kleckse machen?"
„Sie dürfen."
„Dann ziehen wir gleich ein", sagten die Stieglitze und die Rotkehlchen und die Kohlmeisen.

Die andern Bäume regten sich auf.
„Wie kannst du nur so dumm sein!" schimpfte
der Birnbaum.
„Bei dir piepst's wohl?" fragte der Zwetschkenbaum.
„Freilich piepst es!" sagte der Kirschbaum. „Wenn einer
an drei Piepserpaare vermietet, dann muß es ja piepsen!"
Der Apfelbaum lachte.
„Da gibt's nichts zu lachen!" schimpften die Bäume.
„Ich lache, weil es kitzelt. Jemand krabbelt zwischen

meinen Wurzeln herum. Und grade an den Wurzeln bin ich so kitzelig."
Ein Maulwurf steckte seine spitze Schnauze aus der Erde.
„Darf ich hier unten meine Wohnung bauen?"
„Du darfst."
„Und stört es dich nicht, wenn ich Gänge grabe?"
„Das stört mich nicht."
„Und eine Höhle für meine Kinder?"
„Stört mich auch nicht. Grab nur, mein Lieber!"

Am Abend kamen zwei Siebenschläfer in den Garten.
„Wir sind auf Wohnungssuche. Hat hier jemand ein Astloch frei?"
„Wir nicht!" riefen die Bäume.
„Aber ich!" sagte der Apfelbaum. „Wie viele Kinder bekommt ihr?"
„Sechs oder sieben", sagten die Siebenschläfer. „Nicht der Rede wert. Wir fressen Laub und Beeren, Würmer und Schnecken. Nicht der Rede wert."

„Und manchmal ein Vogelei!" riefen zwei Igel, die drüben unter der Hecke wohnten und gerade vorbeispazierten.
Der Apfelbaum weckte die Vögel auf.
„Hört zu, ihr Vögel! Wir haben neue Mieter im Haus. Daß ihr mir gut auf eure Eier achtgebt. Verstanden?"
Und zu den Siebenschläfern sagte er:
„Hört zu, ihr Siebenschläfer! Vom Eierstehlen halte ich nichts. Bei mir darf einer dem andern nichts Böses tun. Sonst könnt ihr gleich wieder ausziehen. Verstanden?"

Es wurde Sommer.
An den Zweigen hingen grüne Kirschen und grüne Zwetschken. Grüne Birnen und grüne Äpfel.
In den Nestern lagen gesprenkelte Eier.
Die Vogelmütter hielten die Eier warm.
Die Vogelväter flogen hin und her, flogen kreuz und quer.
Sie brachten Futter für jede Mutter.
Der Apfelbaum freute sich über die Eier.

Er freute sich über die Maulwurfskinder zwischen seinen Wurzeln.
Er freute sich über die sieben kleinen Siebenschläfer in seinem Astloch. Er freute sich, wenn Besuch kam.
,,Bei dir ist was los!" sagte der Kleiber und klopfte mit dem Schnabel an die Rinde.
,,Bei dir gefällt's mir!" sagte der Specht.
,,Bei dir würde ich gerne wohnen!" sagte der Grünling.

Im obersten Astloch nisteten zwei Stare.
Die pfiffen am Morgen, die flöteten am Abend, die sangen den ganzen Tag.
„Ich freue mich, wenn ihr singt!" sagte der Apfelbaum.
„Was machen eure Eier?"
„Die sind bald soweit."
Aus den Eiern schlüpften junge Stare. Sie waren halbnackt, sie sperrten die Schnäbel auf, sie piepsten und lärmten.

„Da haben wir's!" schimpfte der Birnbaum.
„So ein Krach!" schimpfte der Zwetschkenbaum.
„Nicht zum Aushalten!" schimpfte der Kirschbaum.
In allen Nestern saßen halbnackte Vogelkinder.
Sie sperrten die Schnäbel auf, sie piepsten und lärmten.
Der Apfelbaum freute sich über die Vogelkinder.
Und als sie Federn bekamen und fliegen lernten – da freute er sich noch mehr.

Nur wenn die Vogelkinder Streit hatten – dann freute er sich nicht.

„Das ist unser Ast!" pfiffen die jungen Stare und wollten die andern vertreiben.

„Nein, unserer!" zwitscherten die Stieglitzkinder.

„Wir waren zuerst da!" trillerten die Rotkehlchenkinder.

„Aber wir sind größer!" pfiffen die jungen Stare.

„Ihr seid gemein!" piepsten die Kohlmeisenkinder.

„Ruhe!" rief der Apfelbaum. „Wollt ihr wohl eure Schnäbel halten! Ich mag keinen Streit. Es gibt Äste genug. Hier ist Platz für alle. Verstanden?"
Die Vogelkinder drängelten und schubsten. Sie rauften und stritten. Sie piepsten und flatterten.
Und wenn sie endlich schlafen gingen, dann wurden die Nachttiere wach.

Die Maulwürfe kamen aus der Erde heraus.
Jeder aus seinem Maulwurfshügel.
Die Igel kamen unter der Hecke hervor. Sie führten ihre
Kleinen spazieren und zeigten ihnen die Welt.
Die Siebenschläfer kletterten mit ihren sieben Kindern
in den Zweigen herum.
Kopfüber, kopfunter – hinauf und hinunter.

„Psst! Nicht so wild!" sagte der Apfelbaum. „Ihr tut ja so, als wärt ihr allein im Haus."
Die sieben Siebenschläferkinder hörten nicht. Sie trieben lauter Unfug. Sausten hin und her, turnten kreuz und quer.
„Psst! Nicht so laut!" sagte der Apfelbaum. „Ihr weckt mir noch die Vögel auf, ihr sieben Siebenschläfer!"

Die Zwetschken wurden blau. Die Birnen gelb.
Die Äpfel rot.
„Wie gut, daß alle jungen Vögel fliegen können!" sagte
der Apfelbaum. „Bald müssen manche weit fort."
„Wir!" pfiffen die Stare. „In den Süden."
„Wir auch!" zwitscherten die Rotkehlchen. „Übers Meer."
„Wir fliegen nächste Woche!" pfiffen die Stare.
„Gute Reise!" sagte der Apfelbaum.
In den Nächten war es schon kühl.

Die Blätter wurden bunt und fielen zu Boden.
„Zeit zum Winterschlaf!" sagte der Apfelbaum.
Die Siebenschläfer schlugen ihre buschigen Schwänze übers Gesicht und rollten sich zusammen.
Die Igel sammelten welkes Laub und polsterten ihr Nest aus.
Die Maulwürfe gruben sich tiefer in die Erde.
„Gute Nacht!" sagte der Apfelbaum.

Es fing an zu schneien.
Der Winterwind fuhr durch den Garten und riß die letzten Blätter ab. Eiszapfen hingen an den Sträuchern.
„Mir ist kalt!" klagte der Birnbaum.
„Kalt und einsam!" klagte der Zwetschkenbaum.
„Kalt und einsam und langweilig!" klagte der Kirschbaum.
Ihre Zweige knarrten und seufzten im Wind.
Dem Apfelbaum war nicht langweilig.
Er war auch nicht einsam.

Er träumte von Vogelnestern und gesprenkelten Eiern.
Er träumte vom Flattern und Piepsen in seinen Zweigen.
Ihm war auch nicht kalt.
In seinem Astloch kuschelten sich die Siebenschläfer.
Manchmal rührten sie sich im Schlaf.
Dann streichelte ihn ein warmes Fell.
Dann kitzelte ihn ein buschiger Schwanz.
Dann lachte der Apfelbaum vor sich hin.